Impressum
Verlag: BABADADA GmbH, Nedderfeld 112 , 22529 Hamburg
Geschäftsführer / Verlagsleitung: Harald Hof
Druck: Books on Demand GmbH, In de Tarpen 42, 22848 Norderstedt

Imprint
Publisher: BABADADA GmbH, Nedderfeld 112 , 22529 Hamburg, Germany
Managing Director / Publishing direction: Harald Hof
Print: Books on Demand GmbH, In de Tarpen 42, 22848 Norderstedt, Germany

AF221757

kool
mekdep

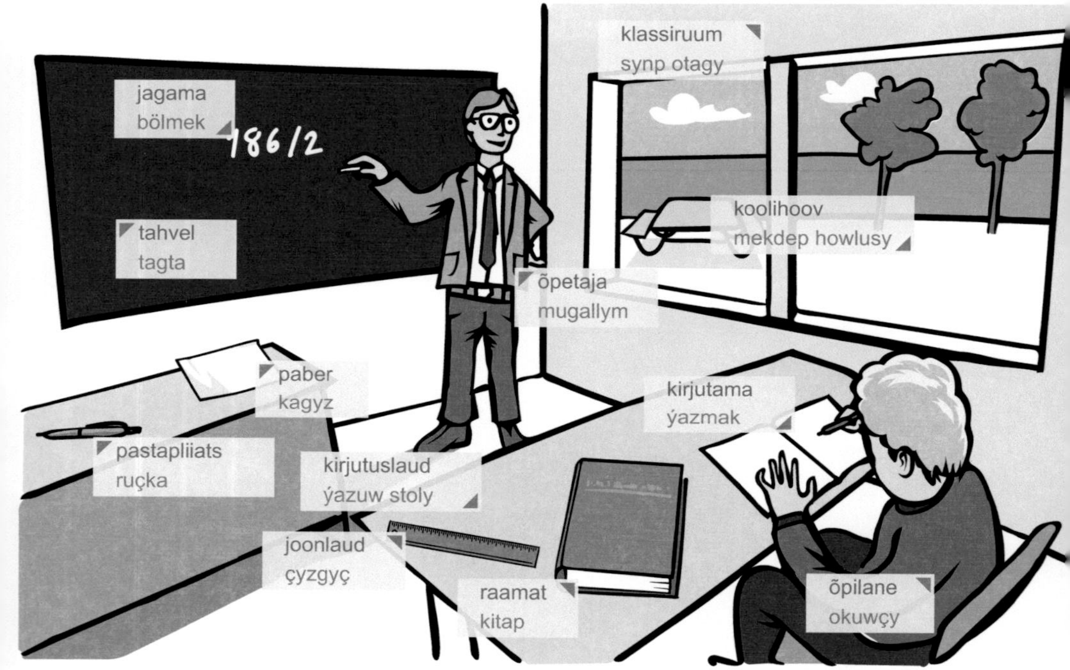

klassiruum
synp otagy
jagama
bölmek
186/2
tahvel
tagta
koolihoov
mekdep howlusy
õpetaja
mugallym
paber
kagyz
kirjutama
ýazmak
pastapliiats
ruçka
kirjutuslaud
ýazuw stoly
joonlaud
çyzgyç
raamat
kitap
õpilane
okuwçy

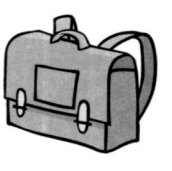

koolikott

ranes

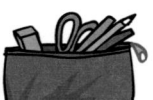

pinal

penal

harilik pliiats

galam

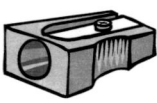

pliiatsiteritaja

galam artylýan

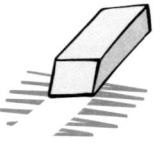

kustukumm

bozguç

joonistusplokk

surat çekmek üçin albom

joonistus

surat

pintsel

çotgajyk

värvikarp

reňkli guty

käärid

gaýçy

liim

ýelim

töövihik

depder

kodutöö

öý işi

number

san

liitma

goşmak

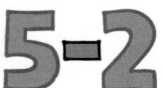

lahutama

aýyrmak

korrutama

köpeltmek

arvutama

hasaplamak

täht

harp

tähestik

elipbiý

sõna

söz

tekst

tekst

lugema

okamak

kriit

hek

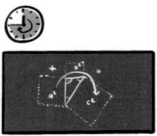

koolitund

sapak

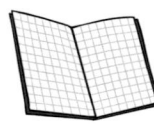

klassipäevik

synp dergisi

eksam

synag

tunnistus

diplom

koolivorm

mekdep lybasy

haridus

bilim

entsüklopeedia

ensiklopediýa

ülikool

uniwersitet

mikroskoop

mikroskop

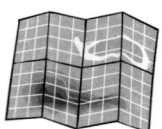

kaart

karta

paberikorv

kagyz üçin sebet

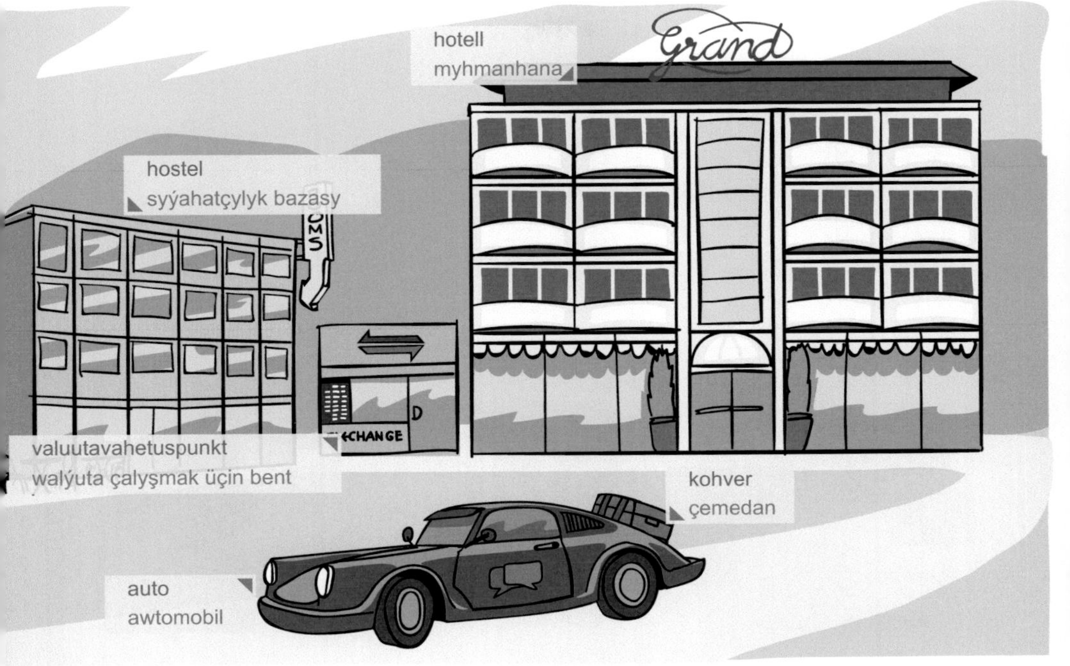
hotell
myhmanhana
Grand
hostel
syýahatçylyk bazasy
valuutavahetuspunkt
walýuta çalyşmak üçin bent
CHANGE
kohver
çemedan
auto
awtomobil

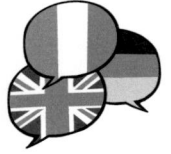

keel

dil

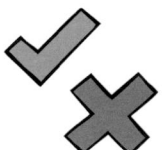

jah / ei

hawwa / ýok

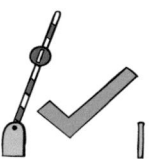

okei

bolýa

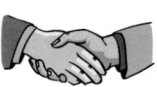

Tere!

salam

tõlk

terjimeçi

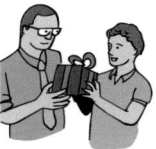

Aitäh!

Minnetdar

Kui palju maksab …?

bahasy näçe?

Ma ei saa aru

men düşünmeýärin

probleem

mesele

Tere õhtust!

Agşamyňyz haýyr!

Tere hommikust!

Ertiriňiz haýyrly!

Head ööd!

Gijäňiz rahat bolsun!

Head aega!

görüşýänçäk

suund

ugur

pagas

ýük

kott

torba

seljakott

eginden asylýan torba

külaline

myhman

tuba

otag

magamiskott

halta ýorgan

telk

çadyr

turismiinfo

syýahatçylyk maglumaty

rand

kenarýaka

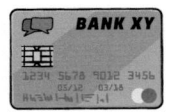

krediitkaart

karz karty

hommikusöök

ertirlik

lõunasöök

günortanlyk

õhtusöök

agşamlyk

pilet

petek

lift

lift

postmark

poçta markasy

riigipiir

çäk

toll

gümrük

saatkond

ilçihana

viisa

wiza

pass

pasport

transport
ulag

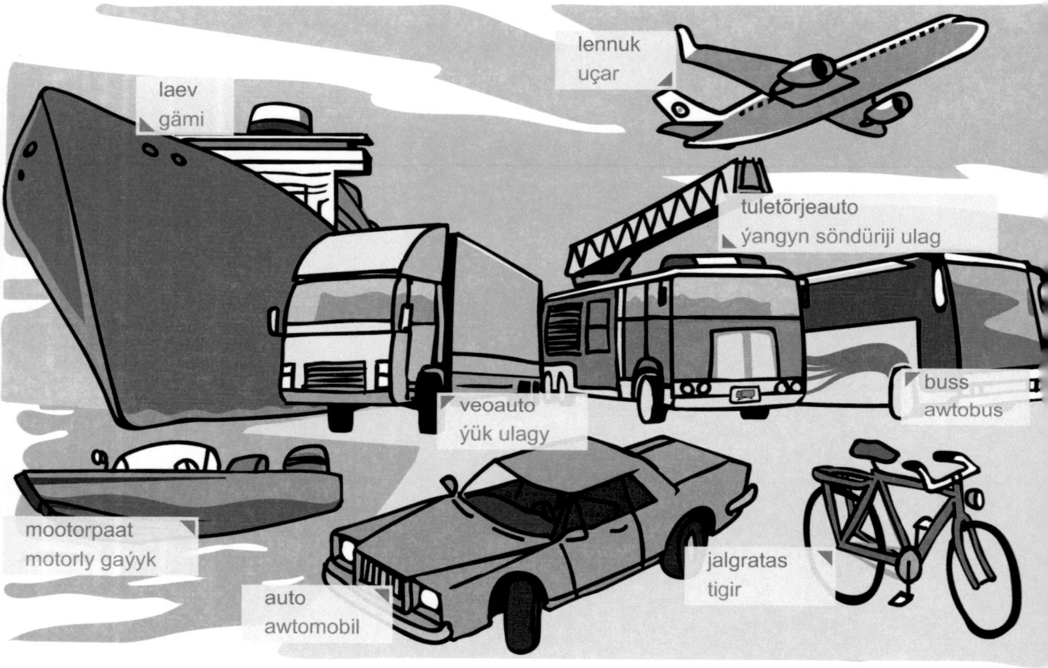
lennuk
uçar
laev
gämi
tuletõrjeauto
ýangyn söndüriji ulag
buss
awtobus
veoauto
ýük ulagy
mootorpaat
motorly gaýyk
jalgratas
tigir
auto
awtomobil

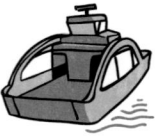

praam

parom

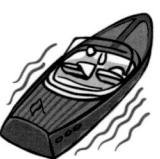

paat

gaýyk

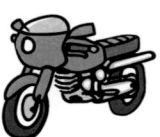

mootorratas

motosikl

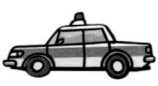

politseiauto

polisiýa ulagy

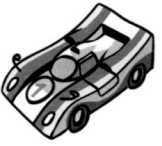

võidusõiduauto

çapyşyk

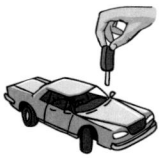

rendiauto

kärendä alnan ulga

ühisauto

ulagy bilelikde ulanmak

puksiirauto

tirkeg ulagy

prügiauto

zir-zibil daşaýan ulag

mootor

hereketlendiriji

kütus

ýangyç

tankla

guýma

liiklusmärk

ýol belgisi

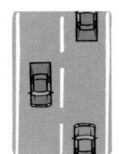

liiklus

hereket

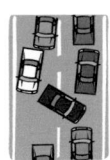

liiklusummik

dyky

parkla

awtoduralga

raudteejaam

menzil

rööpad

seplem

rong

otly

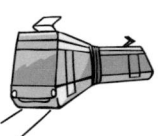

tramm

tramwaý

vagun

wagon

helikopter
dik uçar

lennujaam
howa menzili

torn
minara

reisija
ýolagçy

konteiner
konteýner

pappkast
guty

käru
araba

korv
sebet

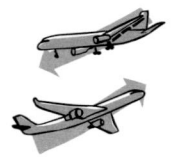

õhku tõusma / maanduma
uçmak / gonmak

linn

şäher

küla
oba

kesklinn
şäher merkezi

maja
öý

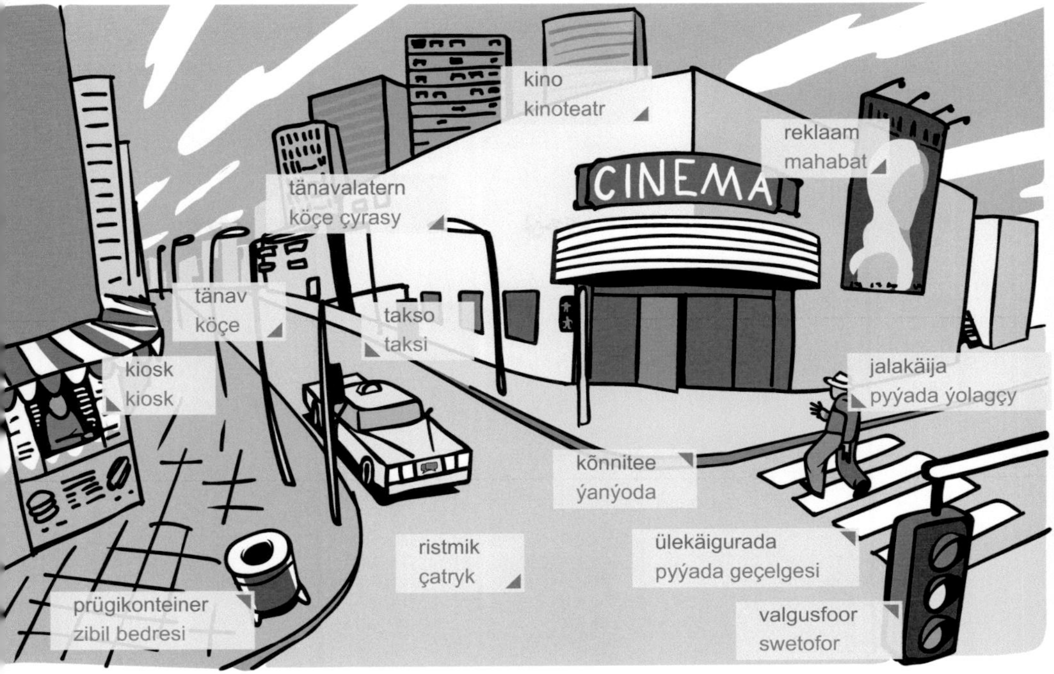

kino
kinoteatr

reklaam
mahabat

tänavalatern
köçe çyrasy

CINEMA

tänav
köçe

takso
taksi

jalakäija
pyýada ýolagçy

kiosk
kiosk

kõnnitee
ýanýoda

ristmik
çatryk

ülekäigurada
pyýada geçelgesi

prügikonteiner
zibil bedresi

valgusfoor
swetofor

osmik

kepbe

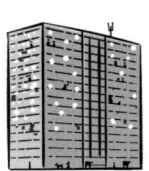

kortermaja

öý

raudteejaam

menzil

raekoda

şäher häkimligi

muuseum

muzeý

kool

mekdep

linn - şäher

ülikool
uniwersitet

pank
bank

haigla
hassahana

hotell
myhmanhana

apteek
dermanhana

kontor
ofis

raamatupood
kitap dükany

kauplus
dükan

lillepood
gül dükany

supermarket
supermarket

turg
bazar

kaubamaja
uniwermag

kalapood
balyk söwdagäri

kaubanduskeskus
söwda merkezi

sadam
port

park
park

pink
oturgyç

sild
köpri

trepp
merdiwan

metroo
metro

tunnel
ötük

bussipeatus
awtobus

baar
bar

restoran
restoran

postkast
poçta gutusy

tänavasilt
köçäni adyny görkezýän ýazgy

parkimisautomaat
parkometr

loomaaed
haýwanat bagy

ujula
basseýn

mošee
metjit

talu
ferma

reostus
daşky gurşawyň
hapalanmagy

surnuaed
gonamçylyk

kirik
buthana

mänguväljak
çaga meýdançasy

tempel
ybadathana

maastik
landşaft

leht
ýaprak

teeviit
ýol görkeziji

tee
ýol

aas
ýaýla

kivi
daş

puu
agaç

matkaja
syýahatçy

jõgi
derýa

rohi
ot

lill
gül

org
dere

mägi
dag

järv
köl

mets
tokaý

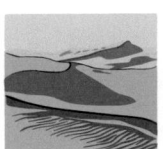

kõrb
çöl

vulkaan
wulkan

linnus
gulp

vikerkaar
älemgoşar

seen
kömelek

palm
palma agajy

sääsk
çybyn

kärbes
sinek

sipelgas
garynja

mesilane
bal arysy

ämblik
möý

mardikas

tomzak

konn

gurbaga

orav

awusiýdik

siil

kirpi

jänes

towşan

öökull

baýguş

lind

guş

luik

guw

metssiga

ýekegapan

hirv

sugun

põder

los

pais

bent

tuuleturbiin

şemal generatory

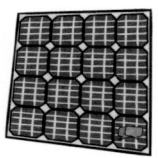

päikesepaneel

gün batareýasy

kliima

howa

restoran
restoran

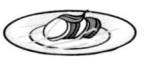

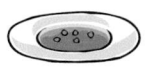

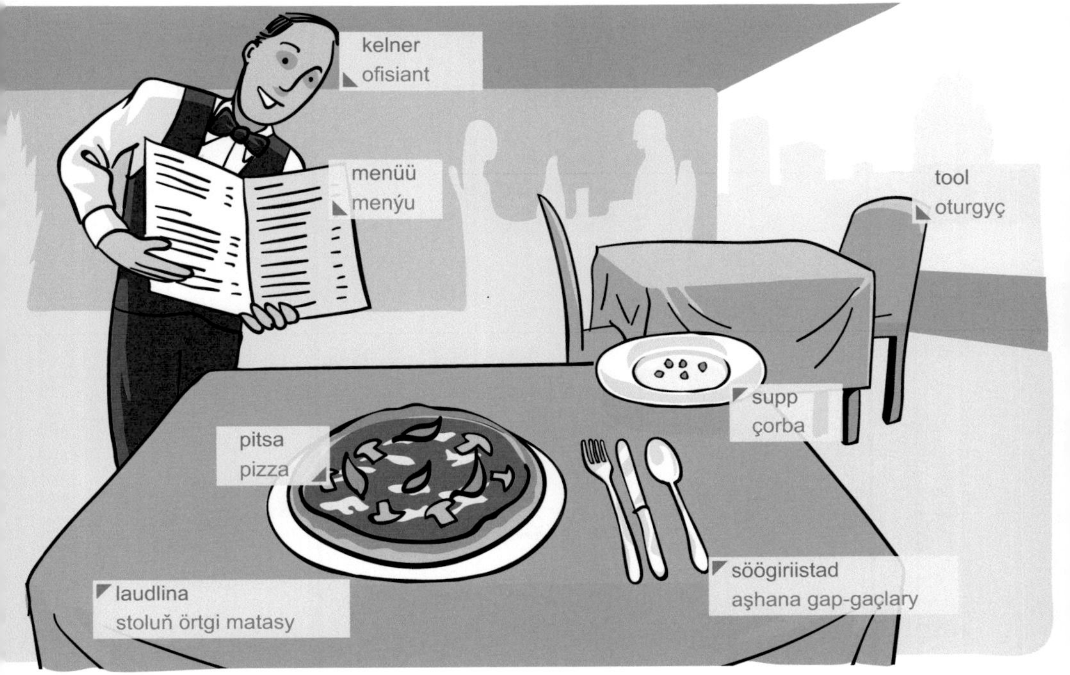
kelner
ofisiant
menüü
menýu
tool
oturgyç
supp
çorba
pitsa
pizza
laudlina
stoluň örtgi matasy
söögiriistad
aşhana gap-gaçlary

eelroog

garbanma

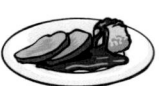

pearoog

esasy tagam

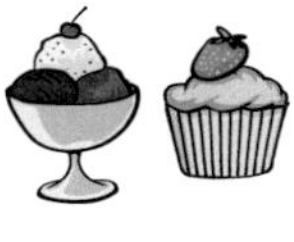

magustoit

süýjülik

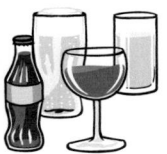

joogid

içgiler

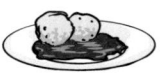

toit

nahar

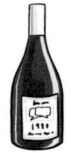

pudel

süýşe

kiirtoit

tiz tagam

tänavatoit

köçe iýmiti

teekann

çäýnek, kitir

suhkrutoos

şeker gaby

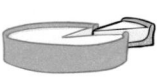

portsjon

porsiýa

espressomasin

kofe gaýnadyjy

lastetool

çaga oturgyjy

arve

hasap

kandik

mejme

nuga

pyçak

kahvel

çarşak

lusikas

çemçe

teelusikas

çaý çemçesi

salvrätik

salfetka

klaas

bulgur

taldrik
tarelka

supitaldrik
çorba tarelkasy

alustass
tabajyk

kaste
sous

soolatoos
duz gaby

pipraveski
burçy üweýji

äädikas
sirke

õli
ýag

vürtsid
huruş

ketšup
ketçup

sinep
gorçisa

majonees
maýonez

supermarket
supermarket

eripakkumine
ýörite teklip
FOR
klient
alyjy
piimatooted
süýt önümleri
puuviljad
miweler
ostukäru
satyn alnan zatlar üçin araba

BUTCHERS

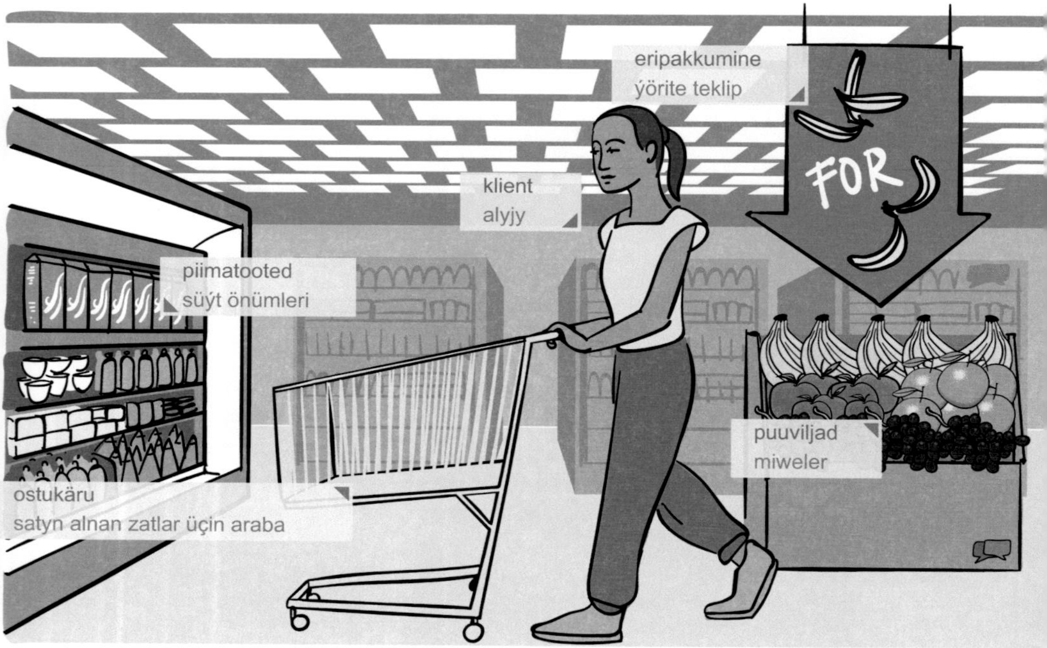

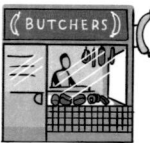

lihapood
et dükany

BAKERY

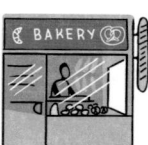

pagariäri
çörek kärhanasy

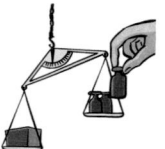

kaaluma
ölçemek

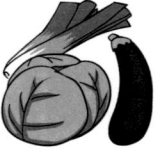

köögiviljad
gök önümler

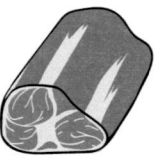

liha
et

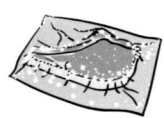

külmutatud toit
tiz doňýan önümler

lihalõigud

kesme

konservid

konserwirlenen önümler

pesupulber

kir ýuwujy toz

maiustused

süýjülikler

majatarbed

öýde ulanylýan zat

puhastustooted

ýuwujy serişde

müüja

satyjy aýal

kassaaparaat

kassa

kassapidaja

pulhanaçy

ostunimekiri

satyn alynmaly zatlar

lahtiolekuajad

iş wagty

rahakott

gapjyk

krediitkaart

karz karty

kott

sumka

kilekott

polietilen paket

vesi

suw

mahl

şire

piim

süýt

koola

koka-kola

vein

wino

õlu

piwo

alkohol

alkogol

kakao

kakao

tee

çaý

kohv

kofe

espresso

espresso

cappuccino

kapuçino

banaan

banan

õun

alma

apelsin

pyrtykal

arbuus

garpyz

sidrun

limon

porgand

käşir

küüslauk

sarymsak

bambus

bambuk

sibul

sogan

seen

kömelek

pähklid

hoz

nuudlid

un aş

spagetid

spagetti

riis

tüwi

salat

işdäaçar

friikartulid

gowurylan ýer alma

praekartulid

gowurylan ýer alma

pitsa

pizza

hamburger

gamburger

võileib

sendwiç

šnitsel

üweme

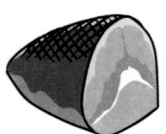

sink

wetçina

salaami

salýami

vorst

şöhlat

kana

towuk

praeliha

gowrulyp taýýarlanýan
nahar

kala

balyk

kaerahelbed

süle patragy

müsli

mýusli

maisihelbed

mekgejöwen patragy

jahu

un

sarvesai

kruassan

kukkel

bulka

leib

çörek

röstsai

tost

küpsised

köke

või

ýag

kohupiim

dorog

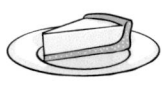

kook

pirog

muna

ýumurtga

praemuna

heýgenek

juust

peýnir

jäätis
doňdurma

suhkur
şeker

mesi
bal

moos
marmelad

pähklivõie
nogully krem

karri
karri

talu
ferma

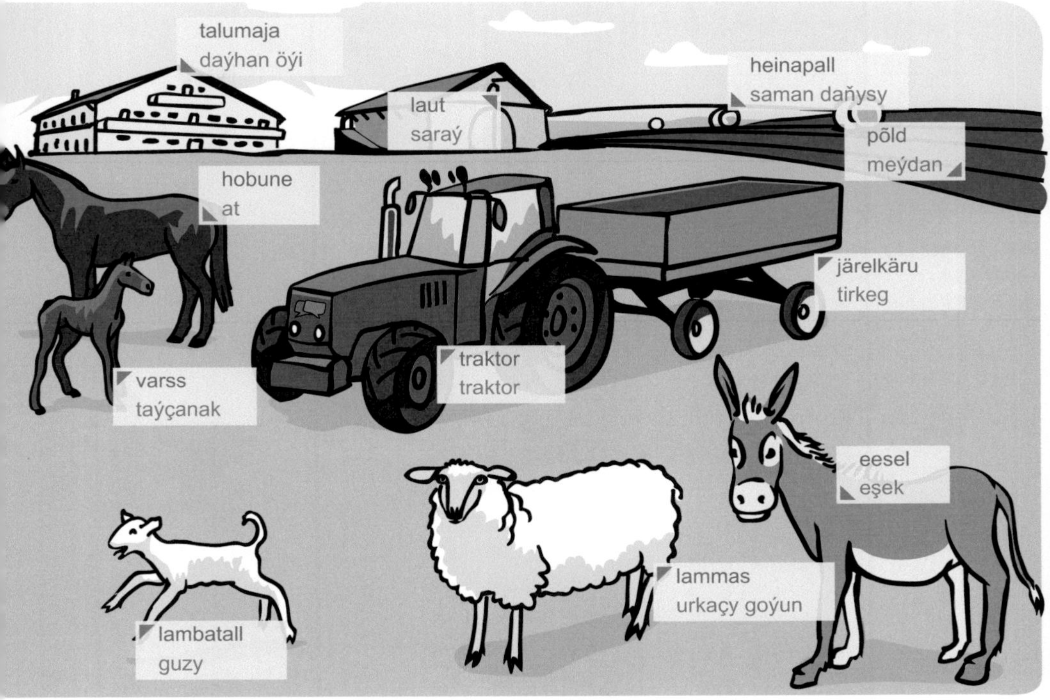
talumaja
daýhan öýi
laut
saraý
heinapall
saman daňysy
põld
meýdan
hobune
at
järelkäru
tirkeg
varss
taýçanak
traktor
traktor
eesel
eşek
lammas
urkaçy goýun
lambatall
guzy

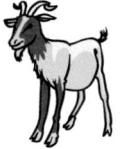

kits

geçi

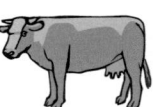

lehm

sygyr

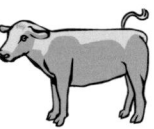

vasikas

göle

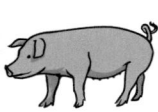

siga

doňuz

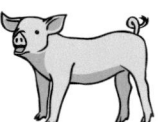

põrsas

jojuk

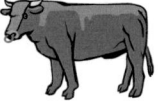

pull

öküz

hani
gaz

part
ördek

tibu
jüýje

kana
towuk

kukk
horaz

rott
alaka

kass
pişik

hiir
syçan

härg
öküz

koer
it

koerakuut
it ýatagy

aiavoolik
bag şlangy

kastekann
guýgyç

vikat
orak

ader
azal

sirp

orak

kõblas

kätmen

hang

dökün çarşagy

kirves

palta

käru

galtak

küna

kersen

piimanõu

süýt üçin tüññür

kott

halta

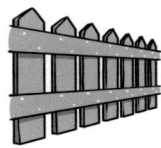

tara

haýat

tall

çörek

kasvuhoone

ýyladyşhana

muld

toprak

seeme

ekin

väetis

dökün

kombain

kombaýn

saaki koristama

hasyl ýygnamak

saagikoristus

galla

jamss

ýams

nisu

bugdaý

soja

soýa

kartul

ýeralma

mais

mekgejöwen

raps

raps

viljapuu

miwe agajy

maniokk

manioka

teravili

däneli ösümlikler

korsten
tüsseçykar

katus
üçek

vihmaveetoru
suw akdyrylýan tarnaw

aken
penjire

garaaž
ulagjaý

uksekell
jaň

uks
gapy

prügikast
hapa atylýan bedre

postkast
poçta gutusy

aed
bag

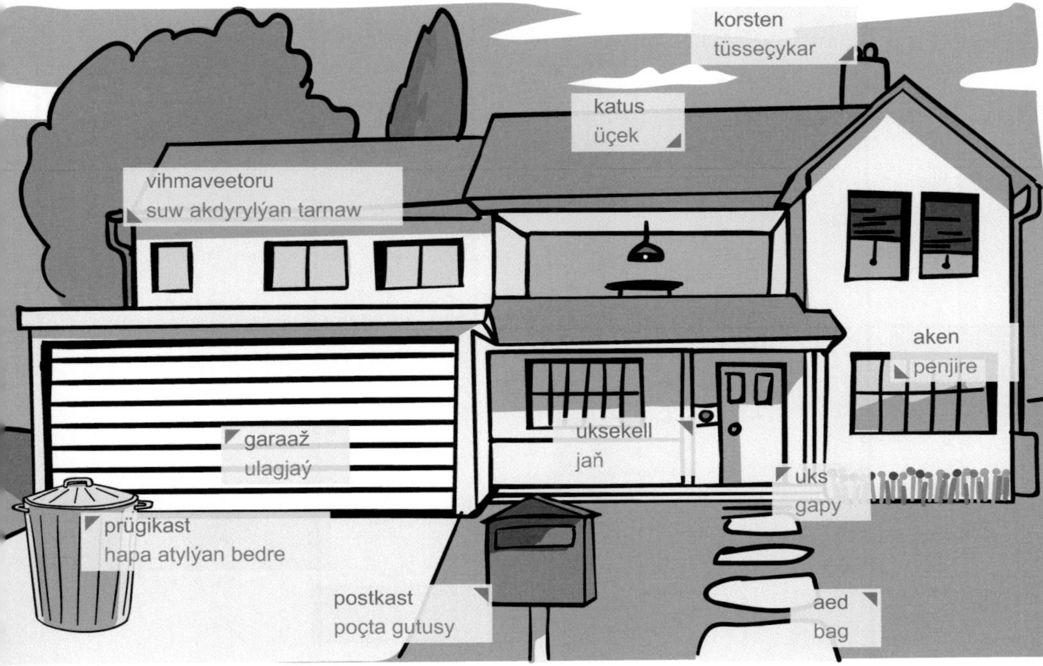

elutuba

myhman otagy

vannituba

wanna otagy

köök

aşhana

magamistuba

ýatalga otagy

lastetuba

çaga otagy

söögituba

naharhana

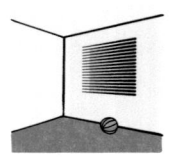

põrand
pol

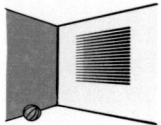

sein
diwar

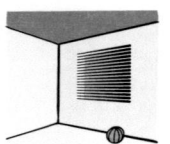

lagi
potolok

kelder
ýerzemin

saun
hamam

rõdu
balkon

terrass
eýwan

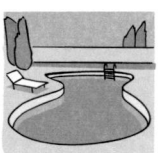

bassein
howdan

muruniiduk
gazon orujy

voodilina
ýorgan daşlygy

päevatekk
örtgi

voodi
ýatakça

luud
sübse

ämber
bedre

lüliti
öçüriji

elutuba
myhman otagy

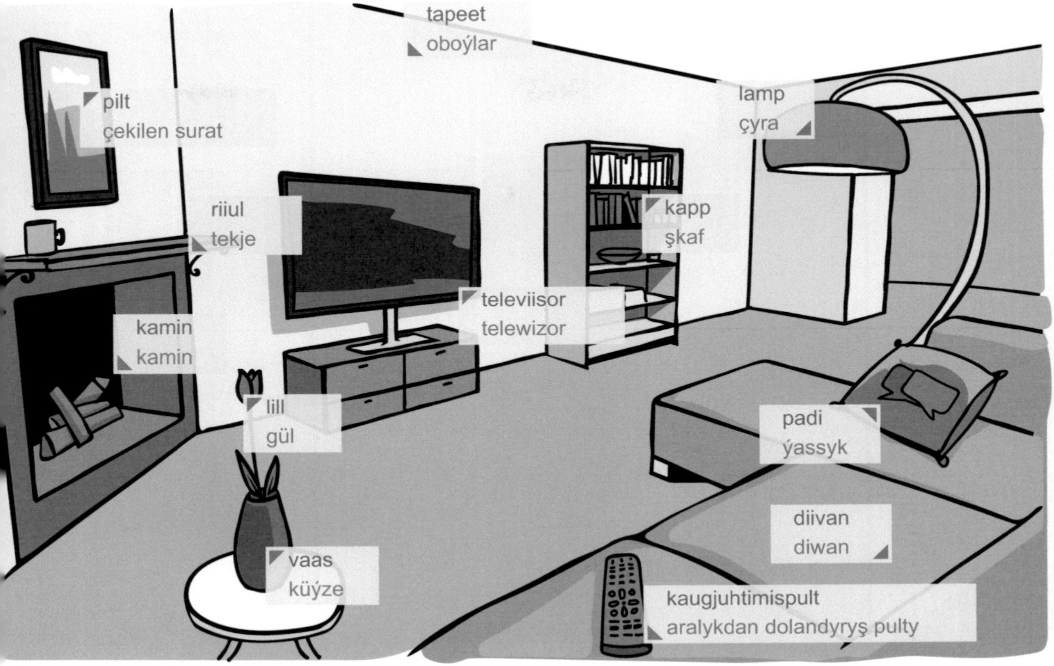
tapeet
oboýlar
pilt
çekilen surat
lamp
çyra
riiul
tekje
kapp
şkaf
televiisor
telewizor
kamin
kamin
lill
gül
padi
ýassyk
diivan
diwan
vaas
küýze
kaugjuhtimispult
aralykdan dolandyryş pulty

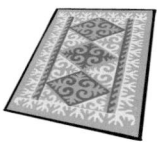

vaip
haly

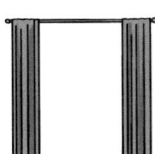

kardin
tuty

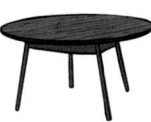

laud
stol

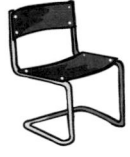

tool
oturgyç

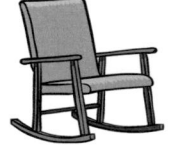

kiiktool
öňe-yza gaýdýan kürsi

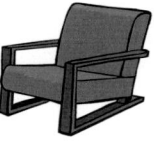

tugitool
kürsi

raamat

kitap

tekk

örtgi

kaunistus

bezeg

küttepuud

odun

film

film

helisüsteem

stereo ulgam

võti

açar

ajaleht

gazet

maal

surat

plakat

ündewsurat

raadio

radio

märkmik

bloknot

tolmuimeja

tozan sorujy

kaktus

kaktus

küünal

şem

köök
aşhana

külmik
sowadyjy
mikrolaineahi
mikrotolkunly peç
köögikaal
aşhana terezisi
röster
toster
pesuvahend
ýuwujy serişde
ahi
howur peji
sügavkülmik
doňdurgyç
prügikast
hapa atylýan bedre
nõudepesumasin
gap-gaç ýuwujy maşyn

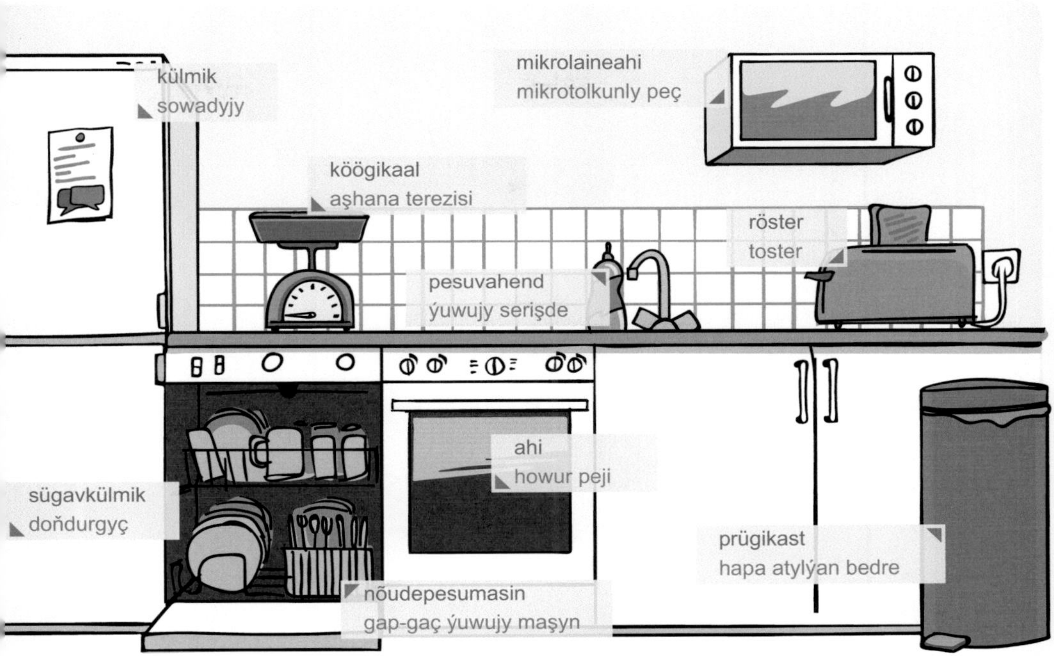

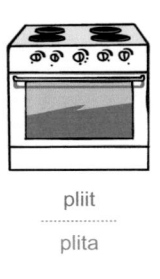

pliit

plita

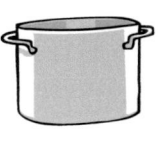

pott

piti

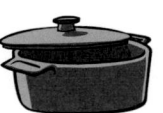

malmpott

çoýun gazany

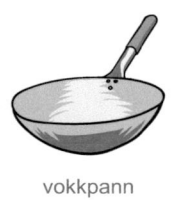

vokkpann

wok / kadaý

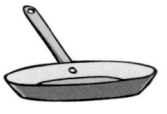

pann

saç

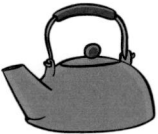

veekeetja

çäýnek, kitir

aurutaja

bugda bişiriji

küpsetusplaat

protiwen

lauanõud

gap-gaç

kruus

kürşge

kauss

jam

söögipulgad

nahar iýilýän taýajyklar

kulp

susak

pannilabidas

piljagaz

vispel

ýaýylýan maşyn

kurn

elek

sõel

elek

riiv

gyrgyç

uhmer

soky

grill

gril

lahtine tuli

ot

lõikelaud

tagta

tainarull

oklaw

korgitser

ştopor

konservipurk

tüneke banka

konserviavaja

konserwa pyçagy

pajakinnas

tutguç

kraanikauss

rakowina

hari

çotga

pesukäsn

gubka

kannmikser

mikser

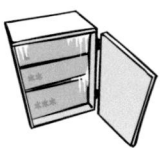

sügavkülmuti

doňdurma kamerasy

lutipudel

çagany iýmitlendirmek üçin
çüýşejik

segisti

kran

vannituba

wanna otagy

küte
ýyladyş
käterätik
süpürgiç
duššš
duş
dušikardin
duş üçin tuty
mullivann
köpürjikli wanna
vann
wanna
klaas
bulgur
pesumasin
kir ýuwulýan maşyn
segisti
kran
plaadid
plitka
pissipott
küýze
kraanikauss
rakowina

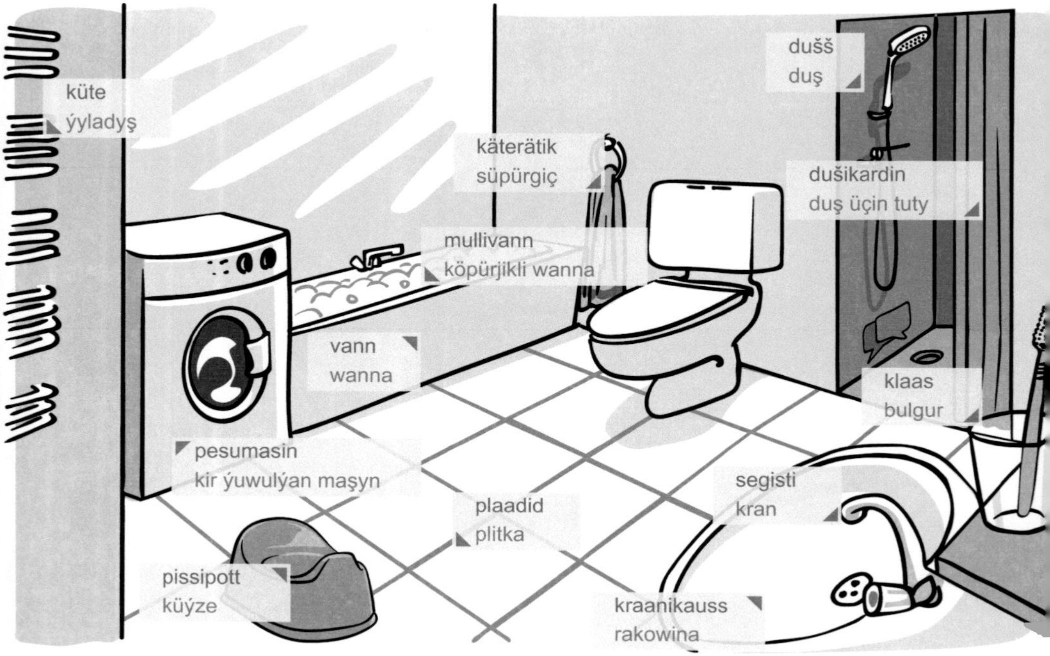

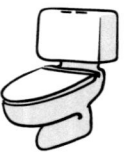

WC-pott

hajathana

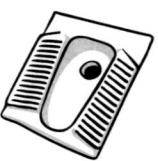

kükitamistualett

polda oturdylýan unitaz

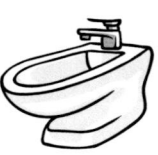

bidee

bide

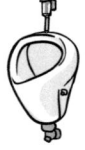

pissuaar

pissuar

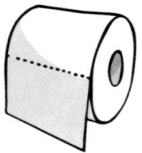

tualettpaber

hajathana kagyzy

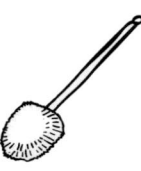

WC-hari

hajathana çotgasy

hambahari
diş çotgasy

hambapasta
diş pastasy

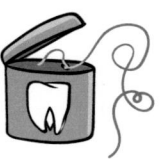

hambaniit
diş sapagy

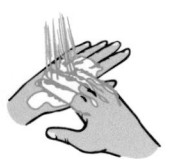

pesema
ýuwmak

käsidušš
el duşy

intiimdušš
şahsy duş

pesukauss
legen

seljahari
arka üçin çotga

seep
sabyn

dušigeel
duş üçin gel

šampoon
şampun

vamm
moçalka

äravool
akyş

kreem
krem

deodorant
dezodorant

peegel
aýna

käsipeegel
el aýnasy

habemenuga
päki

raseerimisvaht
sakgal syrmak üçin köpürjik

habemevesi
sakgal syrylanyndan soňky
losýon

kamm
darak

hari
çotga

föön
fen

juukselakk
saç üçin lak

meigikomplekt
kosmetika

huulepulk
dodaga çalynýan reňk

küünelakk
dyrnaga çalynýan reňk

vatt
pamyk

küünekäärid
manikýur gaýçysy

parfüüm
atyr

tualett-tarvete kott
kosmetika üçin gutujyk

taburet
oturgyç

kaal
terezi

hommikumantel
halat

kummikindad
rezin ellik

tampoon
tampon

hügieeniside
gigiýena prokladkasy

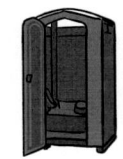

keemiline tualett
biohajathana

lastetuba

çaga otagy

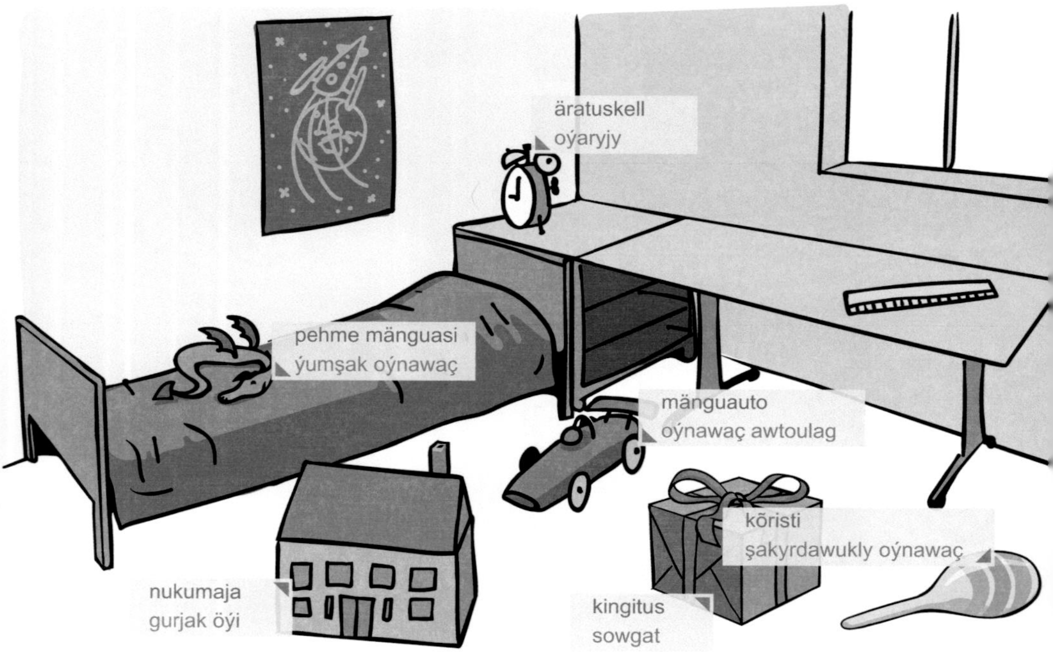
äratuskell
oýaryjy
pehme mänguasi
ýumşak oýnawaç
mänguauto
oýnawaç awtoulag
kõristi
şakyrdawukly oýnawaç
nukumaja
gurjak öýi
kingitus
sowgat

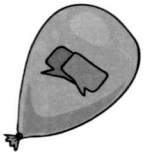

õhupall

howaly şar

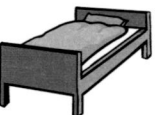

voodi

ýatakça

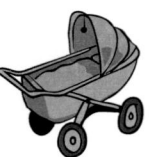

lapsevanker

çaga arabasy

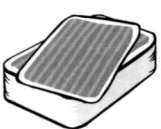

kaardipakk

kart oýny

pusle

pazl

SUPER
MEGA

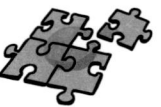

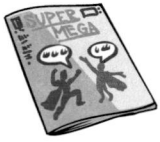

koomiks

komiks

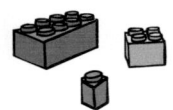

Lego klotsid

Lego kerpiçleri

klotsid

kubikler

kujuke

oýnawaç şekil

siputuspüksid

çagalar üçin joraply balak

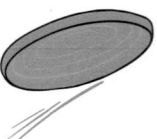

lendav taldrik

frisbi

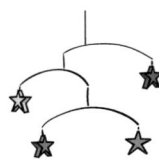

voodikarussell

mobile

lauamäng

stolüsti oýun

täringud

kubik

mudelrong

demir ýolunyň modeli

lutt

soska

pidu

şagalaň

pildiraamat

şekilli kitap

pall

top

nukk

gurjak

mängima

oýnamak

liivakast

çäge aýmança

kiik

hiňňildik

mänguasjad

oýnawaç

mängukonsool

oýun pristawkasy

kolmerattaline jalgratas

üç tigirli welosiped

mängukaru

plýuşadan aýyjyk

riidekapp

egin-eşik üçin şkaf

riietus

egin-eşik

sokid

jorap

sukad

çulki

sukkpüksid

kolgotka

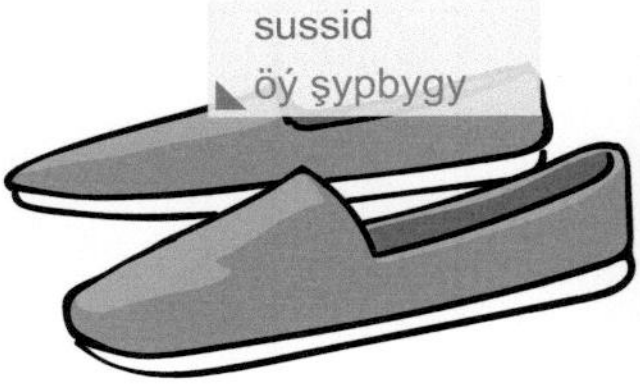

sall
şarf

vihmavari
saýawan

T-särk
futbolka

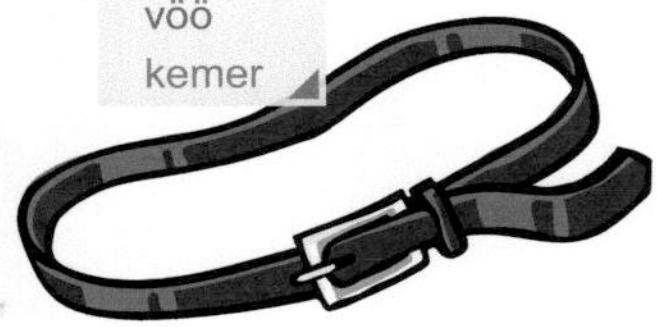

vöö
kemer

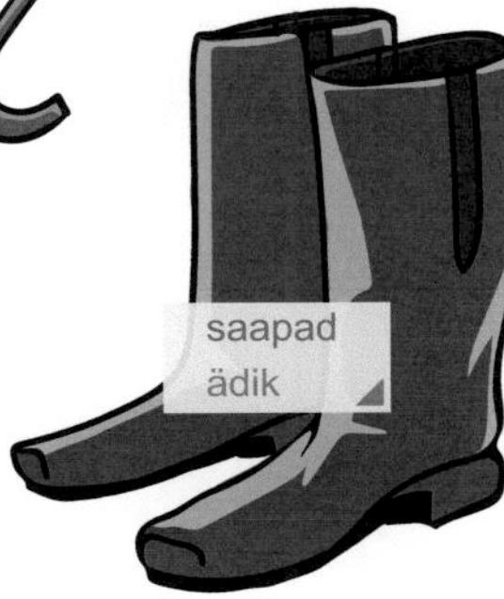

saapad
ädik

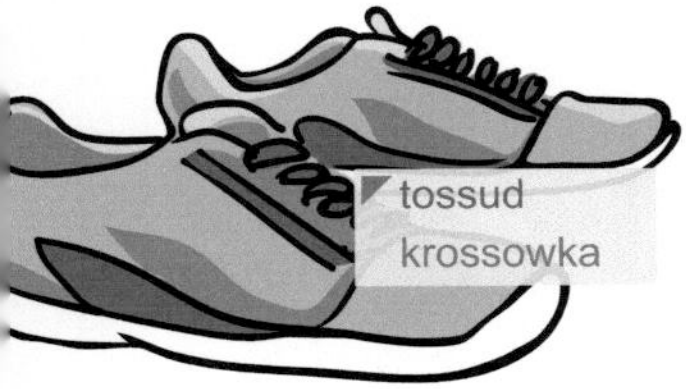

sussid
öý şypbygy

tossud
krossowka

sandaalid
sandaliýa

jalatsid
aýakgap

kummikud
rezin ädik

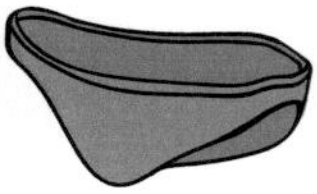

aluspüksid
türsük

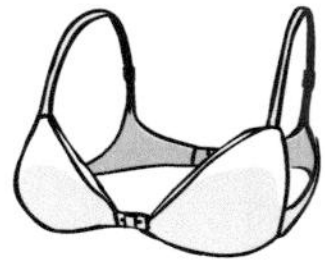

rinnahoidja
göwüslik

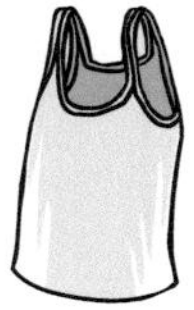

vest
maýka

bodi
bodi

püksid
jalbar

teksapüksid
jins

seelik
ýubka

pluus
bluzka

särk
köýnek

sviiter
switer

dressipluus
switer

bleiser
sport keltekçesi

jakk
žaket

mantel
palto

vihmamantel
plaş

kostüüm
kostýum

kleit
köýnek

pulmakleit
toý köýnegi

ülikond

erkek üçin kostýum

öösärk

ýatyş köýnegi

pidžaama

pižama

sari

sari

pearätt

ýaglyk

turban

selle

burka

perenji

kaftan

kaftan

abayah

abaýa

ujumistrikoo

suwa düşmek üçin lybas

ujumispüksid

plawki

lühikesed püksid

şorty

dressid

sport lybasy

põll

öňlük

kindad

ellik

nööp

ilik

prillid

äýnek

käevõru

bilezik

kaelakee

zynjyr

sõrmus

ýüzük

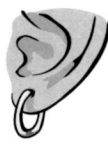

kõrvarõngas

syrga

nokamüts

papak

riidepuu

geýim asgyç

kaabu

şlýapa

lips

galstuk

tõmblukk

syrma

kiiver

şlem

traksid

egnaşyr kemer

koolivorm

mekdep lybasy

vormirõivad

lybas

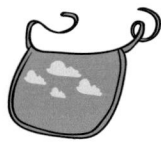

pudipõll

çaga döşlügi

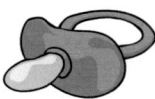

lutt

soska

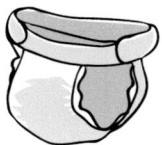

mähe

arlyk

kontor

ofis

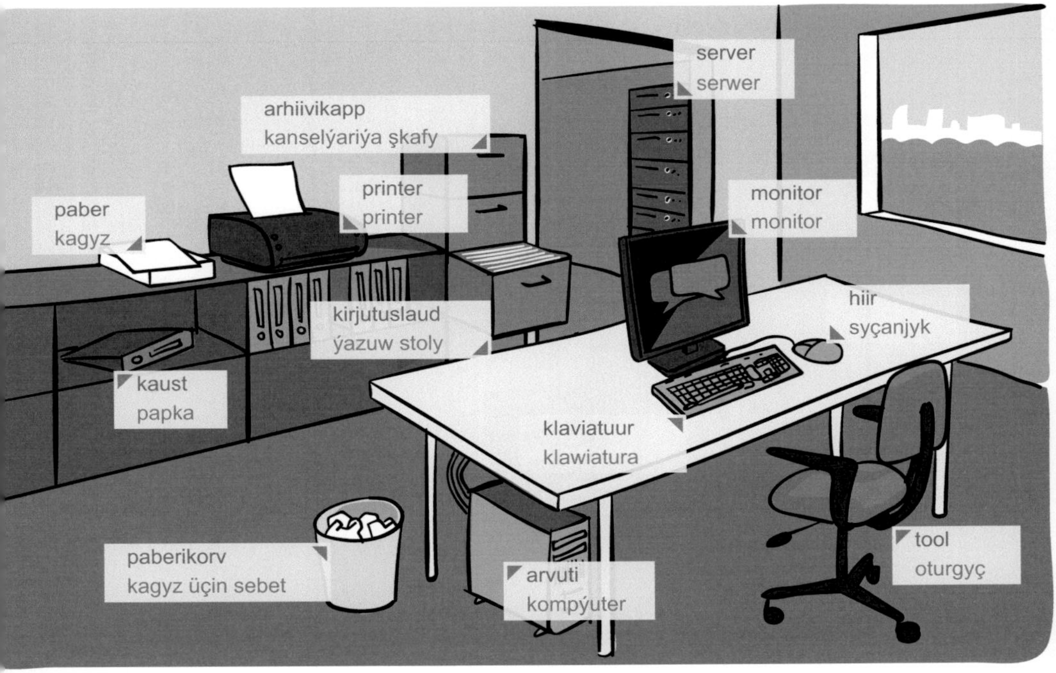

server
serwer
arhiivikapp
kanselýariýa şkafy
printer
printer
paber
kagyz
monitor
monitor
kirjutuslaud
ýazuw stoly
hiir
syçanjyk
kaust
papka
klaviatuur
klawiatura
tool
oturgyç
paberikorv
kagyz üçin sebet
arvuti
kompýuter

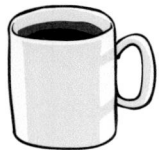

kohvikruus

kofe kružkasy

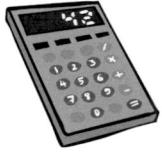

kalkulaator

kalkulýator

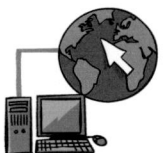

internet

internet

süleravuti

noutbuk

kiri

hat

sõnum

habar

mobiiltelefon

öýjükli telefon

võrk

tor

koopiamasin

kseroks

tarkvara

programma

telefon

telefon

pistikupesa

rozetka

faksimasin

faks

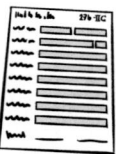

vorm

formulýar

dokument

resminama

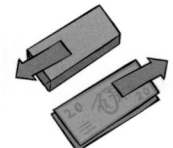

ostma

satyn almak

maksma

tölemek

vahetama

söwda etmek

raha

pul

dollar

dollar

euro

ýewro

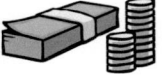

jeen

iena

rubla

rubl

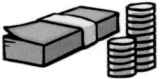

Šveitsi frank

frank

renminbi jüaan

ženminbi ýuan

ruupia

rupiýa

sularahaautomaat

bankomat

valuutavahetuspunkt

walýuta çalyşmak üçin bent

kuld

altyn

hõbe

kümüş

nafta

nebit

energia

energiýa

hind

baha

leping

şertnama

maks

salgyt

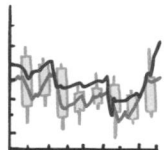

aktsia

paýnama

töötama

işlemek

töötaja

gullukçy

tööandja

iş beriji

tehas

fabrik

kauplus

dükan

ametid
hünärler

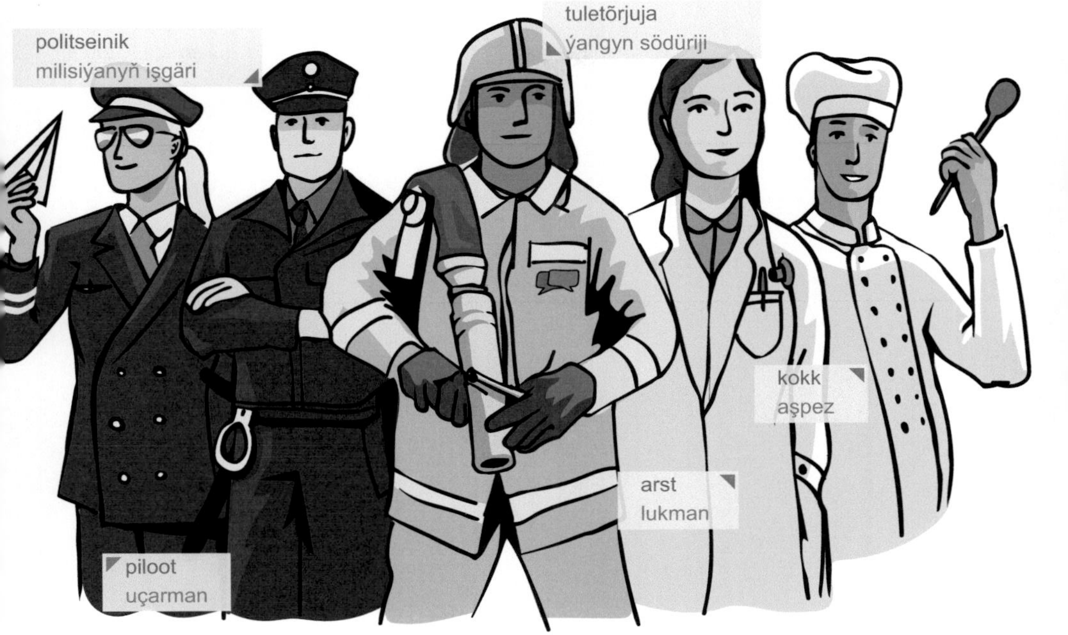
tuletõrjuja
ýangyn söndüriji
politseinik
milisiýanyň işgäri
kokk
aşpez
arst
lukman
piloot
uçarman

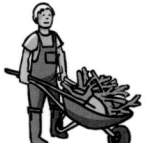

aednik

bagban

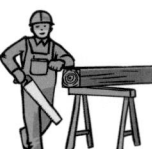

puusepp

agaç ussasy

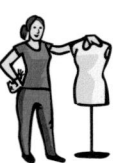

õmbleja

tikinçi

kohtunik

kazy

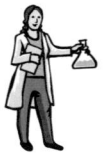

keemik

himik

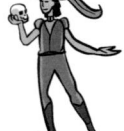

näitleja

aktýor

bussijuht

awtobus sürüjisi

taksojuht

taksiçi

kalamees

balykçy

koristaja

tam süpüriji

katusepaigaldaja

üçek basyrýan ussa

kelner

ofisiant

jahimees

awçy

maaler

suratçy

pagar

çörekçi

elektrik

elektrik

ehitaja

gurluşykçy

insener

inžener

lihunik

gassap

torumees

santehnik

postiljon

hatçy

sõdur

esger

arhitekt

binagär

kassapidaja

pulhanaçy

lillemüüja

floraçy

juuksur

dellekçi

piletikontrolör

konduktor

mehaanik

mehanik

kapten

kapitan

hambaarst

diş lukmany

teadlane

alym

rabi

rawwin

imaam

imam

munk

monah

preester

ruhany

töriistad

gurallar

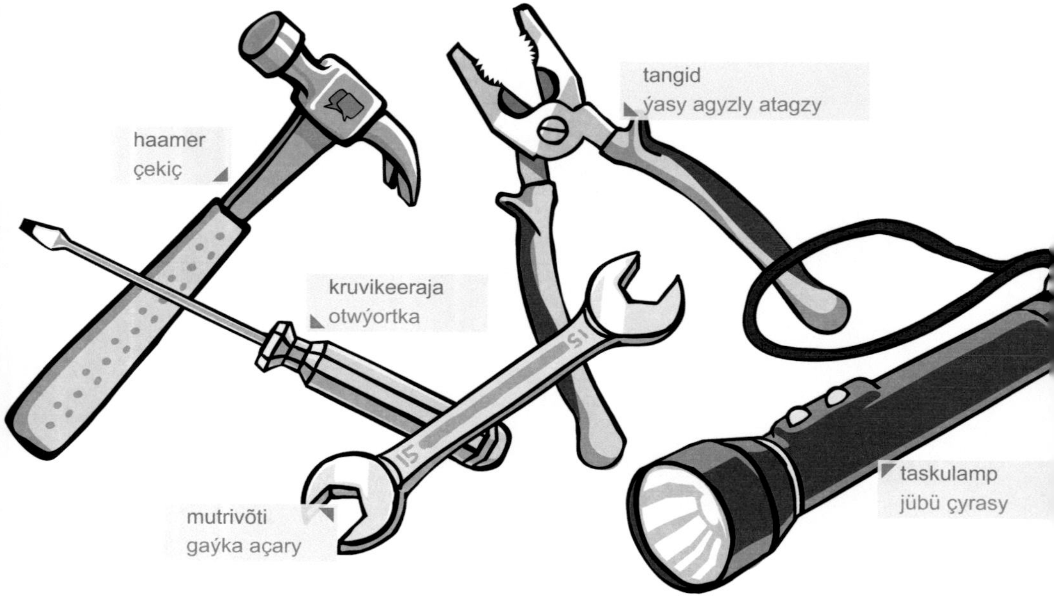

haamer
çekiç
tangid
ýasy agyzly atagzy
kruvikeeraja
otwýortka
mutrivõti
gaýka açary
taskulamp
jübü çyrasy

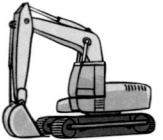

ekskavaator

ekskawator

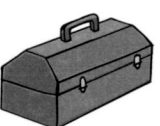

tööriistakast

gurallar üçin gap

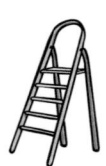

redel

merdiwan

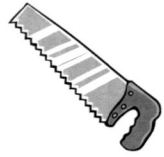

saag

byçgy

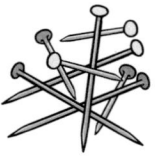

naelad

çüýler

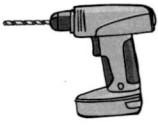

trell

drel

parandama

abatlamak

labidas

pil

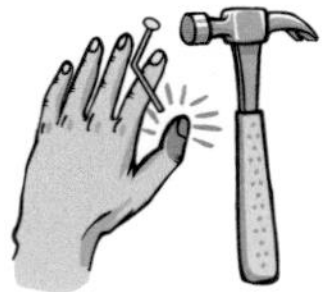

Põrgusse!

Bolmandyr!

kühvel

susguç

värvipott

boýagly bedre

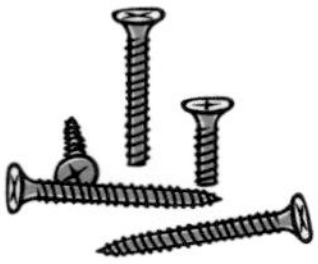

kruvid

nurbatlar

pillid
saz gurallary

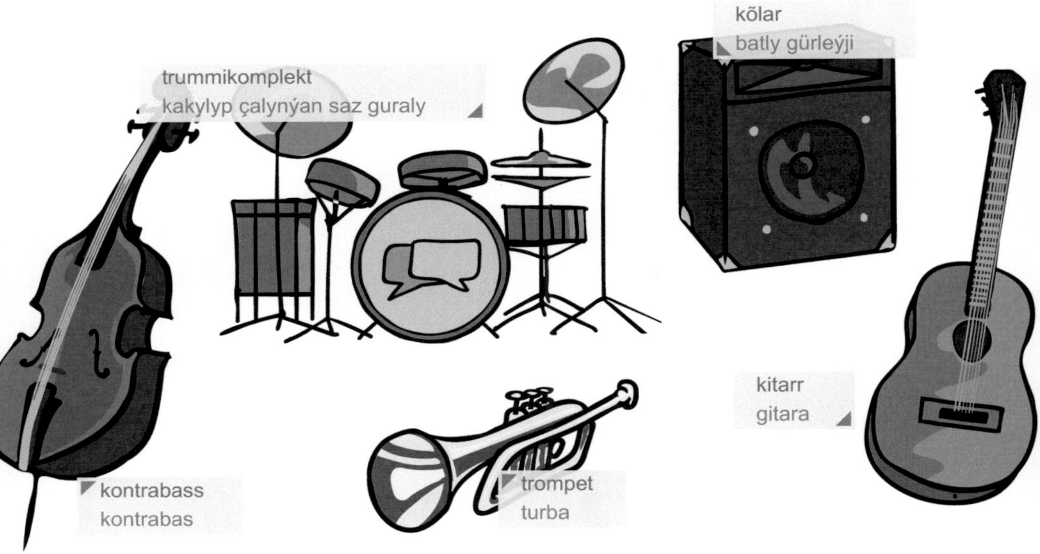

trummikomplekt
kakylyp çalynýan saz guraly

kõlar
batly gürleýji

kitarr
gitara

kontrabass
kontrabas

trompet
turba

klaver

pianino

viiul

skripka

bass

bas-gitara

timpan

nagara

trummid

deprek

süntesaator

sintezator

saksofon

saksafon

flööt

fleýta

mikrofon

mikrofon

loomaaed
haýwanat bagy

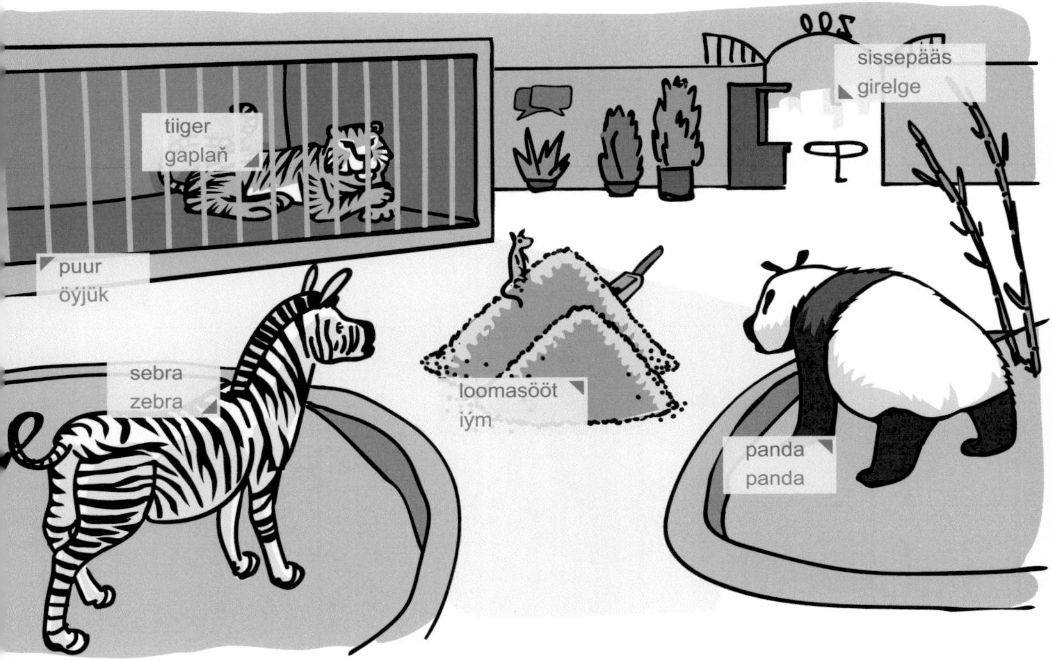
sissepääs
girelge
tiiger
gaplaň
puur
öýjük
sebra
zebra
loomasööt
iým
panda
panda

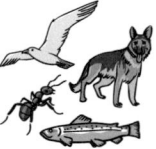

loomad

haýwanlar

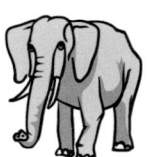

elevant

pil

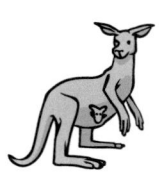

känguru

kenguru

ninasarvik

nosorog

gorilla

gorilla

karu

aýy

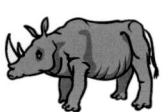

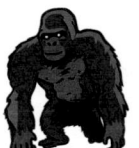

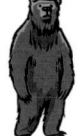

kaamel

düýe

jaanalind

düýeguş

lõvi

ýolbars

ahv

maýmyn

flamingo

gyzylinjik

papagoi

hindiguş

jääkaru

ak aýy

pingviin

pingwin

hai

akula

paabulind

tawus

madu

ýylan

krokodill

krokodil

loomaaiatalitaja

haýwanat bagynyň
gullukçysy

hüljes

düwlen

jaaguar

ýaguar

poni
poni

leopard
gaplaň

jõehobu
begemot

kaelkirjak
žiraf

kotkas
bürgüt

metssiga
ýekegapan

kala
balyk

kilpkonn
pyşbaga

morsk
suwpişik

rebane
tilki

gasell
jeren

Ameerika jalgpall
amerikan

jalgrattasõit
tigir sürmek

tennis
tennis

korvpall
basketbol

ujumine
ýüzme

poksimine
boks

jäähoki
hokkeý

jalgpall

futbol

sulgpall

badminton

kergejõustik

ýeñil atletika

käsipall

gandbol

suusatamine

lyža sporty

polo

polo

naerma
gülmek

hüppama
bökmek

kallistama
gujaklamak

jalutama
gitmek

laulma
aýdym aýtmak

unistama
arzuw etmek

palvetama
dilemek

suudlema
öpmek

kirjutama
ýazmak

joonistama
surat çekmek

näitama
görkezmek

lükkama
basmak

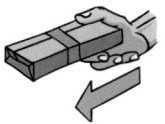

andma
bermek

võtma
almak

omama

eýe bolmak

tegema

etmek

olema

bolmak

seisma

durmak

jooksma

ylgamak

tõmbama

çekmek

viskama

taşlamak

kukkuma

gaçmak

lamama

ýatmak

ootama

garaşmak

kandma

götermek

istuma

oturmak

riidesse panema

geýmek

magama

ýatmak

ärkama

oýanmak

vaatama

görmek

nutma

aglamak

paitama

sypalamak

kammima

daramak

rääkima

gürlemek

aru saama

düşünmek

küsima

soramak

kuulama

diňlemek

jooma

içmek

sööma

iýmek

korrastama

tertipleşdirmek

armastama

söýmek

süüa tegema

taýýarlmak

sõitma

gitmek

lendama

uçmak

purjetama

ýelkeni ýaýyp gitmek

arvutama

hasaplamak

lugema

okamak

õppima

okamak

töötama

işlemek

abielluma

nikalaşmak

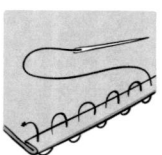

õmblema

dikmek

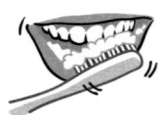

hambaid pesema

dişiňi arassalamak

tapma

öldürmek

suitsetama

çilim çekmek

saatma

ugratmak

perekond

maşgala

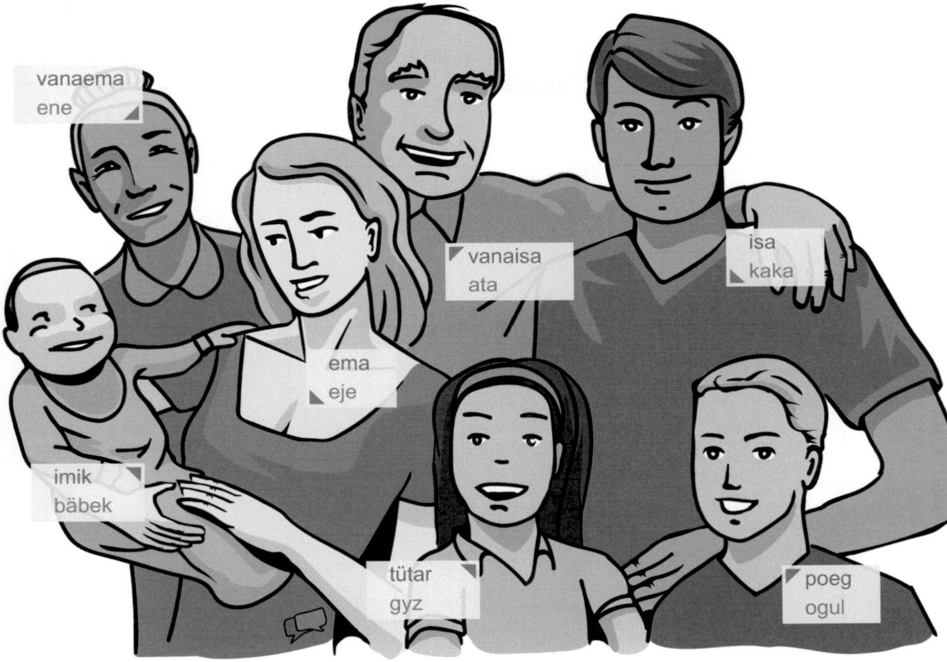

vanaema
ene
vanaisa
ata
isa
kaka
ema
eje
imik
bäbek
tütar
gyz
poeg
ogul

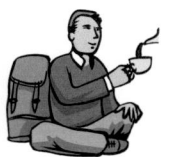

külaline

myhman

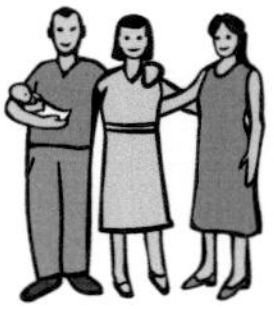

tädi

daýza

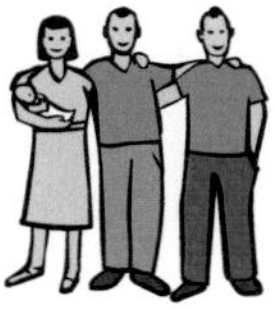

onu

daýy

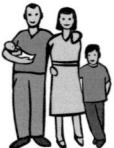

vend

aga

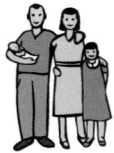

õde

uýa

keha

ten

otsmik
maňlaý
silm
göz
nägu
ýüz
lõug
äň
rind
döş
sõrm
barmak
käsi
penje
käsivars
el
õlg
egin
jalg
aýak

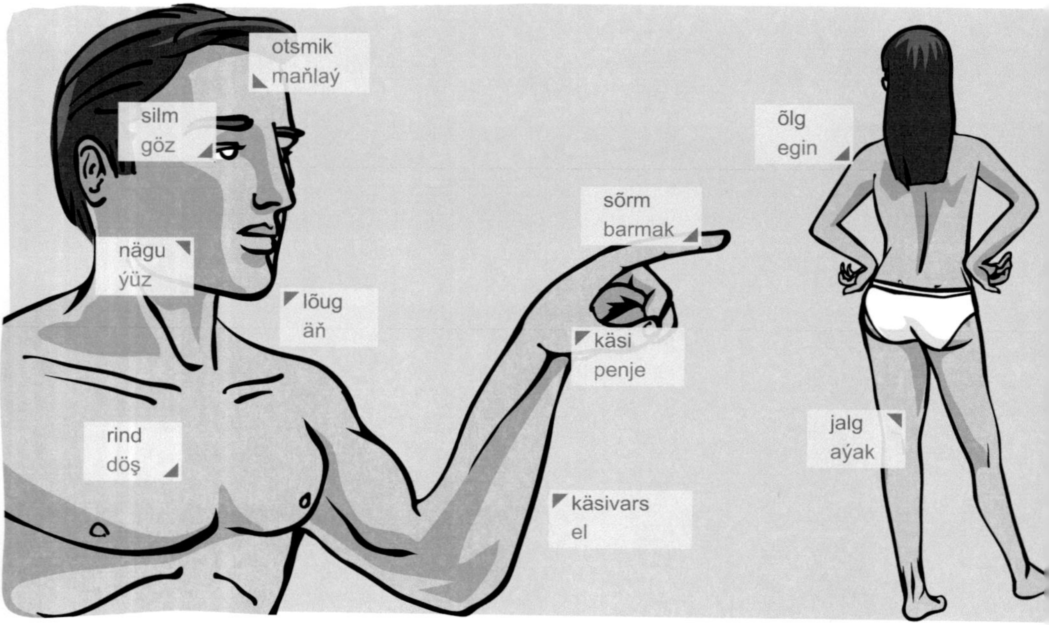

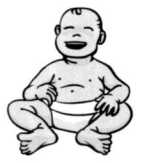

imik
bäbek

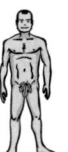

mees
erkek

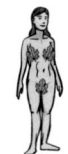

naine
aýal

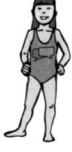

tüdruk
gyz

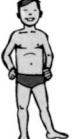

poiss
oglan

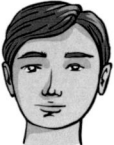

pea
kelle

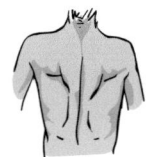

selg
arka

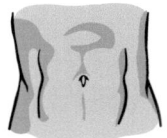

kõht
garyn

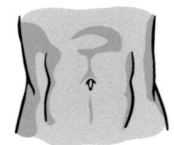

naba
göbek

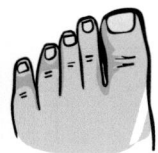

varvas
aýak barmagy

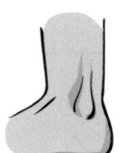

kand
ökje

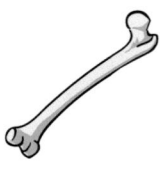

luu
süñk

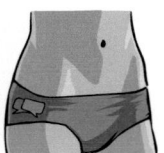

puus
but

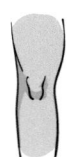

põlv
dyz

küünarnukk
tirsek

nina
burun

tagumik
ýanbaş

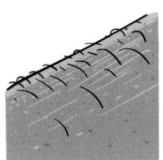

nahk
deri

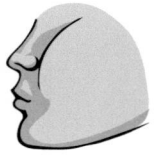

põsk
ýaňak

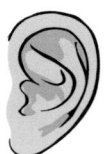

kõrv
gulak

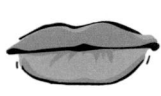

huuled
dodak

suu

agyz

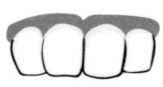

hammas

diş

keel

dil

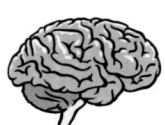

aju

beýni

süda

ýürek

lihas

myşsa

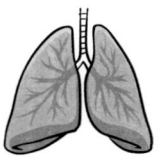

kops

öýken

maks

bagyr

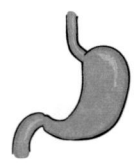

magu

aşgazan

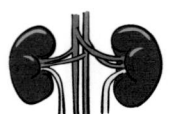

neerud

böwrek

seksuaalvahekord

jyns ýakynlygy

kondoom

prezerwatiw

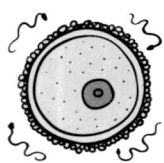

munarakk

erkeklik jyns öýjügi

sperma

tohumlyk

rasedus

göwrelilik

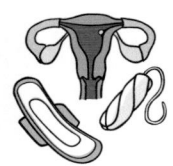

menstruatsioon
bil açylma

vagiina
wagina

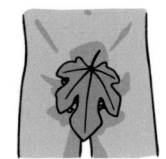

peenis
erkek jyns agzasy

kulm
gaş

juuksed
saç

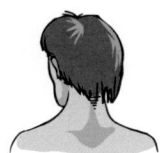

kael
boýun

haigla
hassahana

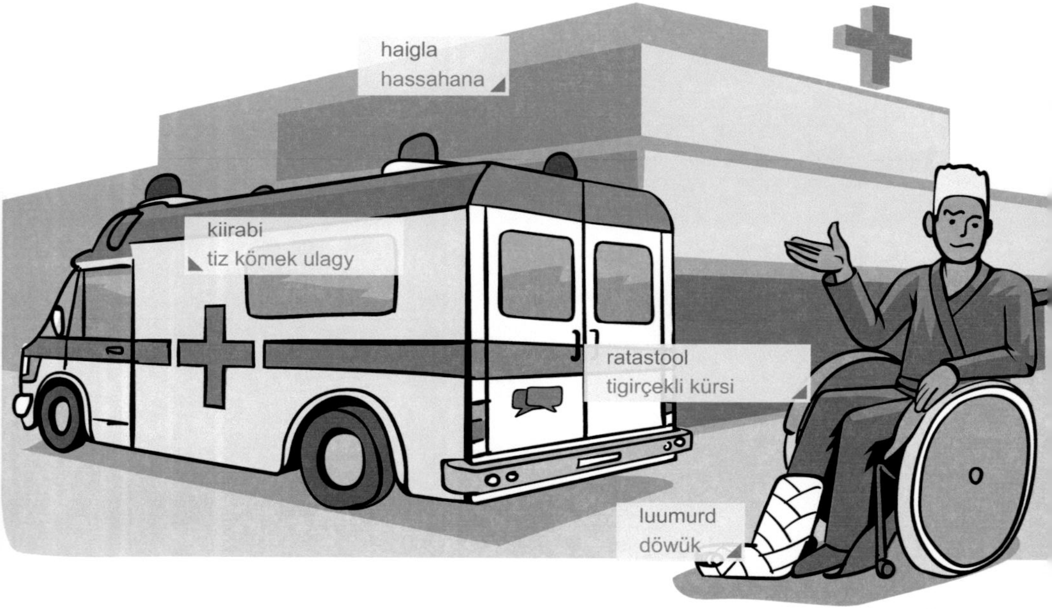

haigla
hassahana
kiirabi
tiz kömek ulagy
ratastool
tigirçekli kürsi
luumurd
döwük

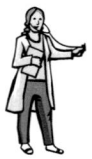

arst

lukman

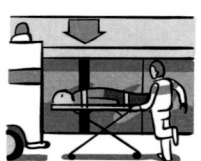

traumapunkt

ilkinji kömek nokady

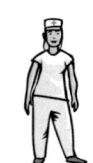

meditsiiniõde

şepagat uýasy

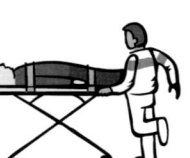

hädaolukord

gaýragoýulmasyz ýagdaý

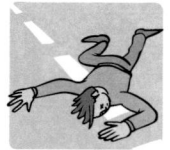

teadvuseta

özüni bilmän

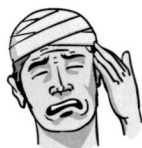

valu

agyry

vigastus

zeper ýetme

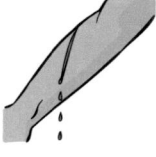

verejooks

gan akmasy

südamerabandus

infarkt

insult

insult

allergia

allergiýa

köha

üsgülik

palavik

ýokarlanan temperatura

gripp

dümew

kõhulahtisus

içgeçme

peavalu

kelle agyrysy

vähk

rak

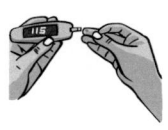

diabeet

diabet

kirurg

hirurg

skalpell

skalpel

operatsioon

operasiýa

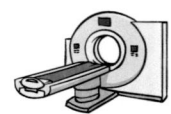

KT

iýmit siňdirýän ortlaryň jemi

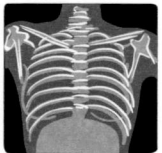

röntgen

rentgen

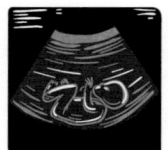

ultraheli

ultrases

mask

maska

haigus

kesel

ooteruum

kabulhana

kark

pişek

kips

plastyr

side

bint

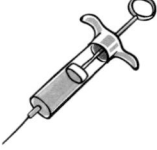

süst

sanjym

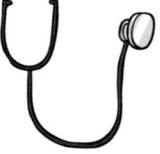

stetoskoop

stetoskop

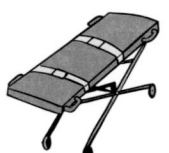

kanderaam

zemmer

kraadiklaas

termometr

sünd

dogluş

ülekaaluline

artykmaç agram

kuuldeaparaat

eşidiş abzaly

desinfektsioonivahend

zyýansyzlandyryjy serişde

põletik

ýokanç

viirus

wirus

HIV / AIDS

WIÇ/ AIDS

meditsiin

derman

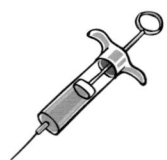

vaktsineerimine

öňüni alyş sanjymy

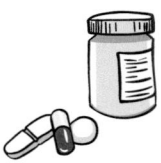

tabletid

gerdejikler

pill

göwreli bolmakdan goraýan gerdejik

hädaabikõne

gaýragoýulmasyz çagyryş

vererõhuaparaat

gan basyşyny ölçeýji abzal

haige / terve

näsag / sagdyn

Appi!

Kömek ediň!

häire

howsala signaly

kallaletung

çozuş

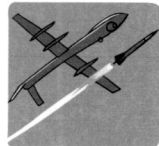

rünnak

hüjüm

oht

howp

avariiväljapääs

ätiýaçlyk çykalgasy

Tulekahju!

Ýangyn!

tulekustuti

ot söndürijisi

õnnetus

betbagtçylykly ýagdaý

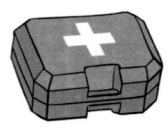

esmaabikomplekt

derman gutujygy

SOS

SOS

politsei

milisiýa

Euroopa

Ýewropa

Põhja-Ameerika

Demirgazyk Amerika

Lõuna-Ameerika

Günorta Amerika

Aafrika

Afrika

Aasia

Aziýa

Austraalia

Awstraliýa

Atlandi ookean

Atlantika ummany

Vaikne ookean

Ýuwaş umman

India ookean

Hindi ummany

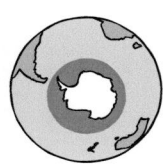

Lõuna-Jäämeri

Antarktika ummany

Põhja-Jäämeri

Demirgazyk Buzly umman

põhjapoolus

Demirgazyk polýusy

Iõunapoolus

Günorta polýusy

Antarktika

Antarktida

Maa

zemin

maismaa

gury ýer

meri

deñiz

saar

ada

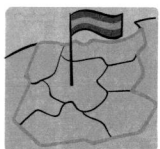

rahvus

millet

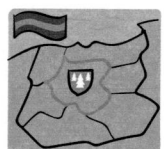

riik

döwlet

sihverplaat

siferblat

tunniosuti

sagadyň dili

minutiosuti

minut görkezýän dil

sekundiosuti

sekundy görkezýän dil

Mis kell on?

sagat näçe?

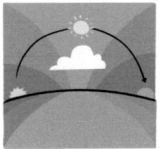

päev

gün

aeg

wagt

praegu

häzir

digitaalne kell

elektron sagady

minut

minut

tund

sagat

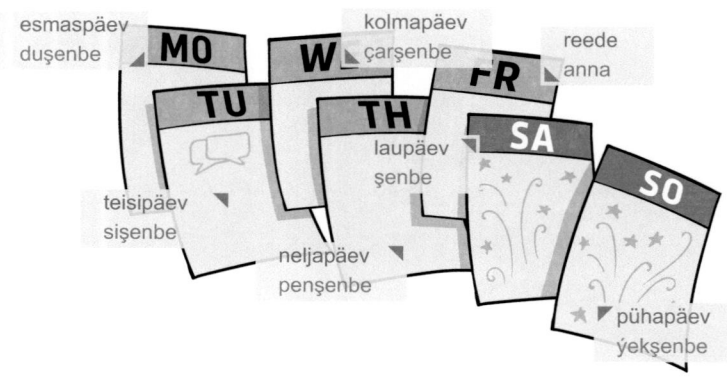

esmaspäev
duşenbe

kolmapäev
çarşenbe

reede
anna

teisipäev
sişenbe

laupäev
şenbe

neljapäev
penşenbe

pühapäev
ýekşenbe

eile

düýn

täna

şu gün

homme

ertir

hommik

säher

lõuna

günortan

õhtu

agşamlyk

MO	TU	WE	TH	FR	SA	SU
1	2	3	4	5	6	7
8	9	10	11	12	13	14
15	16	17	18	19	20	21
22	23	24	25	26	27	28
29	30	31	1	2	3	4

tööpäevad

iş günler

MO	TU	WE	TH	FR	SA	SU
1	2	3	4	5	6	7
8	9	10	11	12	13	14
15	16	17	18	19	20	21
22	23	24	25	26	27	28
29	30	31	1	2	3	4

nädalavahetus

dynç günler

aasta
ýyl

vihm
ýagyş
vikerkaar
älemgoşar
tuul
şemal
lumi
gar
kevad
ýaz
sügis
güýz
suvi
tomus
talv
gyş

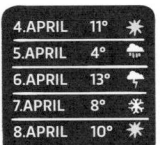

4.APRIL 11°
5.APRIL 4°
6.APRIL 13°
7.APRIL 8°
8.APRIL 10°

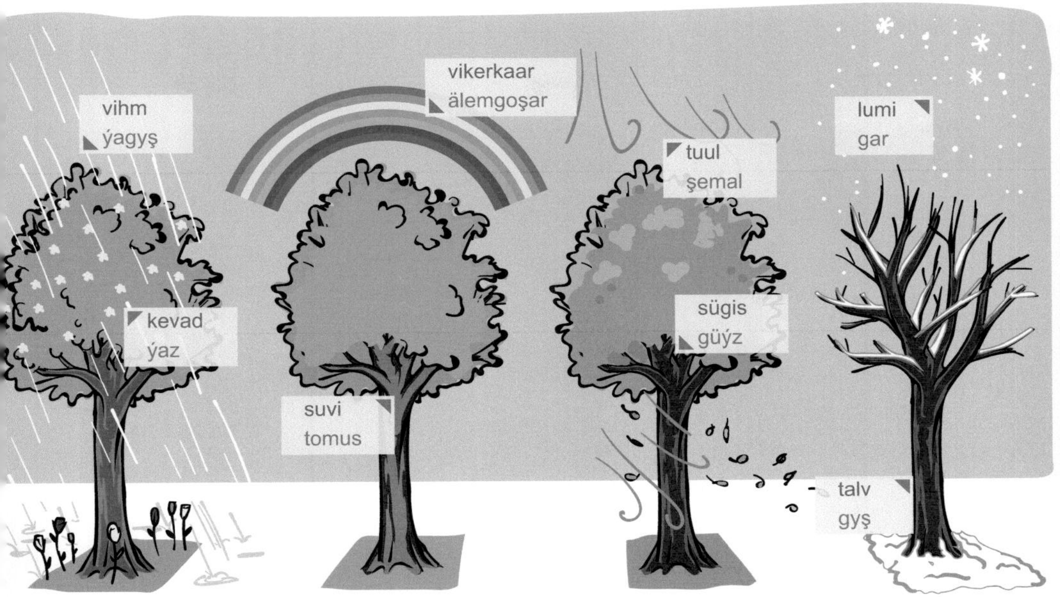

ilmaennustus

howa maglumaty

F C
120 40
90 30
60 20
30 10
0 0
-30 -10
-20

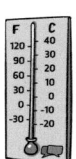

termomeeter

termometr

päikesepaiste

gün ýagtylygy

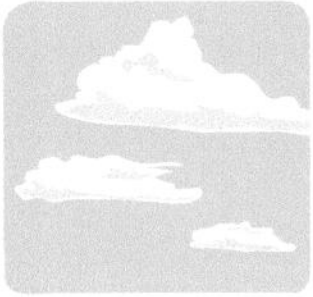

pilv

gara bulut

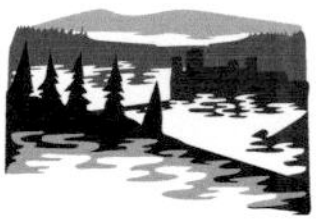

udu

ümür

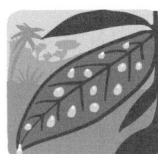

niiskus

howanyň çyglylygy

pikne

ýyldyrym

kõu

gök gümmürdisi

torm

tupan

rahe

doly

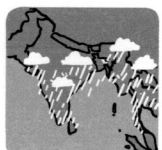

mussoon

musson

üleujutus

suw alma

jää

buz

jaanuar

ýanwar

veebruar

fewral

märts

mart

aprill

aprel

mai

maý

juuni

iýun

juuli

iýul

august

awgust

september
....
sentýabr

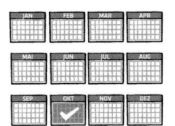

oktoober
....
oktýabr

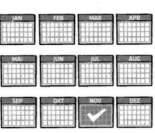

november
....
noýabr

detsember
....
dekabr

ring
....
tegelek

ruut
....
kwadrat

nelinurk
....
göniburçluk

kolmnurk
....
üçburçluk

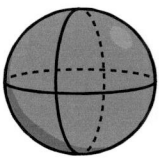

kera
....
şar

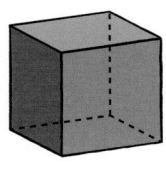

kuup
....
kub

valge

ak

kollane

sary

oranž

mämişi

roosa

gülgüne

punane

gyzyl

lilla

liliýa reňkli

sinine

gök

roheline

ýaşyl

pruun

goňur

hall

çal

must

gara

palju / vähe

köp / az

vihane / rahulik

gazaply / asuda

ilus / inetu

owadan / betnyşan

algus / lõpp

başy / soňy

suur / väike

uly / kiçi

hele / tume

açyk / garaňky

vend / õde

oglan dogan / gyz dogan

puhas / must

arassa / hapa

täielik / puudulik

doly / doly däl

päev / öö

gündiz / gije

surnud / elus

jansyz / diri

lai / kitsas

giň / dar

söödav / mittesöödav

iýilýän / iýilmeýän

kuri / sõbralik

gaharly / dostlukly

põnevil / tüdinud

tolgunly / tukat

paks / peenike

çişik / hor

esimene / viimane

başda / soňunda

sõber / vaenlane

dost / duşman

täis / tühi

doly / boş

kõva / pehme

berk / ýumşak

raske / kerge

agyr / ýeňil

nälg / janu

açlyk / teşnelik

haige / terve

näsag / sagdyn

ebaseaduslik / seaduslik

bikanun / kanuny

tark / rumal

akyly / akmak

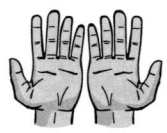

vasak / parem

çepde / sagda

lähedal / kaugel

ýakyn / daş

uus / kasutatud

täze / ulanylan

mitte midagi / midagi

hiç zat / bir zat

vana / noor

garry / ýaş

sees / väljas

ýakylan / söndürilen

lahti / kinni

açyk / ýapyk

vaikne / vali

ýuwaş / gaty

rikas / vaene

baý / garyp

õige / vale

dogry / nädogry

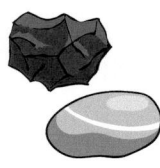

kare / sile

büdür-südür / tekiz

kurb / rõõmus

gamgyly / şatlykly

lühike / pikk

gysga / uzyn

aeglane / kiire

haýal / tiz

märg / kuiv

öl / gury

soe / jahe

ýyly / sowuk

sõda / rahu

uruş / parahatçylyk

0

null

nul

1

üks

bir

2

kaks

iki

3

kolm

üç

4

neli

dört

5

viis

bäş

6

kuus

alty

7

seitse

ýedi

8

kaheksa

sekiz

9

üheksa

dokuz

10

kümme

on

11

üksteist

on bir

12

kaksteist

on iki

13

kolmteist

on üç

14

neliteist

on dört

15

viisteist

on bäş

16

kuusteist

on alty

17

seitseteist

on ýedi

18

kaheksateist

on sekiz

19

üheksateist

on dokuz

20

kakskümmend

ýigrimi

100

sada

ýüz

1.000

tuhat

müň

1.000.000

miljon

million

inglise

iňlis

Ameerika inglise

amerikan iňlis

mandariini

mandarin hytaý

hindi

hindi

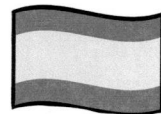

hispaania

ispan

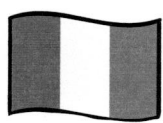

prantsuse

fransuz

araabia

arap

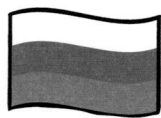

vene

rus

portugali

portugal

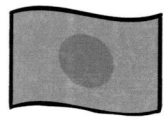

bengali

bengal

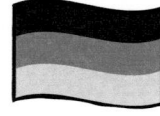

saksa

nemes

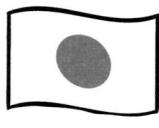

jaapani

ýapon

mina

men

sina

sen

tema

ol (oglan) / ol (gyz) / ol
(jansyz zat)

meie

biz

teie

siz

nemad

olar

kes?

kim?

mis?

näme?

kuidas?

nähili?

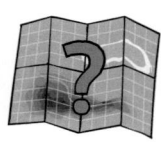

kus?

nirede?

millal?

haçan?

nimi

ady

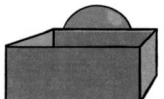

taga

yzynda

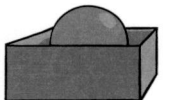

sees

içinde

ees

öňünde

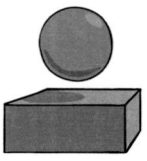

kohal

bir zadyň üsti

peal

üstünde

all

aşagynda

kõrval

ýanynda

vahel

arasynda

koht

ýer